AF243280

YVES GUYOT

LE TRUST

DU

PÉTROLE AUX ÉTATS-UNIS

Prix : 1 Franc

PARIS

GUILLAUMIN ET Cⁱᵉ

ÉDITEURS

Rue de Richelieu, 14.

1903

YVES GUYOT

LE TRUST

DU

PÉTROLE AUX ÉTATS-UNIS

Prix : 1 Franc

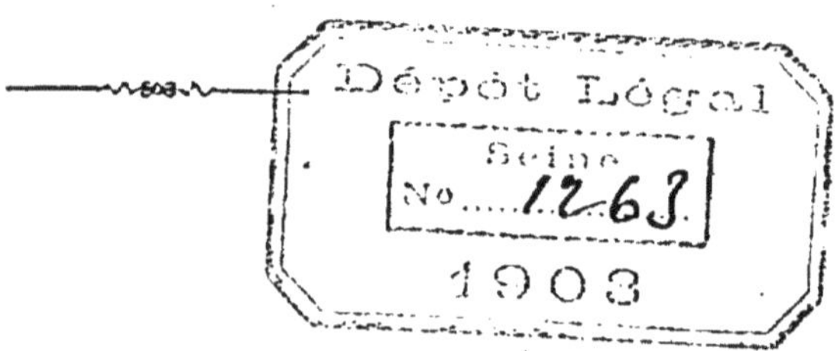

PARIS

GUILLAUMIN ET Cⁱᵉ

ÉDITEURS

Rue de Richelieu, 14.

—

1903

NOTE PRÉLIMINAIRE

Études sur les Trusts.

Les auteurs de la plupart des livres qui ont paru sur les *Trusts* sont partis d'idées *à priori*. Ils ont voulu être sensationnels et affirmer des solutions nettes et précises. Les médecins du temps de Molière donnaient aussi eux des recettes pour chaque cas. On retrouve ces procédés dans les « Manuels de santé » qu'on colporte à l'usage des badauds.

Maintenant un médecin, qui a lu Claude Bernard, consacre de nombreuses pages à des observations : ce n'est qu'à la fin du volume, en une ou deux pages, qu'il arrive à une conclusion plus ou moins prudente. Je crois que nous devons suivre la même méthode à l'égard de la plupart des phénomènes sociaux.

Il faut d'abord en étudier la nature.

— Et donner le remède après ?

— S'il y en a un et si le phénomème étudié en comporte. Il peut n'être qu'une manifestation de vigueur et de santé.

Quand, en 1901, je publiai la *Question des Sucres*, je fis connaître au public français l'organisation du cartel autrichien et du cartel allemand. J'ai complété ce travail par ma communication faite le 27 mai 1902 à la

Royal Statistical Society de Londres, sur *The Sugar industry on the Continent*, que j'ai reproduite au mois d'octobre à la *Société de Statistique* de Paris.

Là, il y avait un remède que j'ai indiqué, et qui a été adopté par la conférence de Bruxelles le 5 mars 1902 : suppression de toutes les primes directes et indirectes ; abaissement de la surtaxe de douane, à l'abri de laquelle fonctionnaient les cartels.

L'année dernière également, j'ai publié, au mois d'août, une étude sur l'*United States steel corporation*, le *Trust de l'Acier*, que j'ai résumée dans le *Journal des Économistes* du mois d'octobre ; et le rapport qui a paru le 17 avril a justifié mes prévisions. J'ai publié aussi plusieurs articles sur la combinaison Morgan, connue sous le nom d'*Oceanic Trust*.

Le premier secrétaire de l'ambassade des États-Unis, M. Vignaud, voulut bien me procurer les dix-neuf volumes de l'enquête de l'*Industrial Commission*, sur lesquels quatre sont consacrés aux trusts. Elle a été instituée le 9 juin 1898, et la lettre de transmission du rapport final est du 10 février 1902. Les dépositions qu'elle a entendues sont très instructives. Des adversaires s'acharnent les uns contre les autres. Rien de convenu dans leurs discussions, et le compte rendu ne cherche pas à en atténuer la passion. C'est la vie industrielle même des États-Unis qu'on saisit en plein développement. On assiste au conflit des intérêts, aux luttes personnelles ; on a les pièces du débat sous les yeux, et on peut se faire une opinion raisonnée. Le travail est facilité par des tables et des renvois établis avec soin et des rapports qui résument fort bien les questions.

J'ai reçu également les volumes parus du *Census* américain.

A la séance de la *Société d'Économie politique* du 5 novembre, je fis une communication sur les *Trusts d'après des documents américains*, qui provoqua une discussion, prolongée pendant deux séances, à laquelle prirent part MM. Paul Leroy-Beaulieu, A. Raffalovich, Jacques Siegfried, Zadocks, Raphaël-Georges Lévy, Alfred Neymarck, Lodin de Lepinay, Macquart, Frédéric Passy. Quelques amis me pressèrent de publier un volume sur les *Trusts et Cartels*. J'en ai été empêché par d'autres travaux, mais on m'a demandé avec insistance mon étude sur le *Trust du Pétrole* aux États-Unis.

C'est pour répondre à ce désir que je fais paraître la brochure qui suit.

Y. G.

Avril 1903.

LE TRUST

DU

PÉTROLE AUX ÉTATS-UNIS

Le pétrole.

Le *Standard Oil trust*, maintenant la *Standard Oil C°*, est le trust type. L'*Industrial commission* le considère si bien comme tel que, dans le premier volume de sa grande enquête. elle lui a donné une table spéciale. Tous les autres ont essayé d'imiter plus ou moins ses combinaisons: nul n'a obtenu un tel succès, n'a déchaîné autant de colères et n'a provoqué autant d'erreurs d'appréciation.

La plupart des personnes à qui on parle du *Standard Oil trust* se figurent qu'il a recherché et accaparé tous les puits de pétrole des États-Unis, et que de là vient sa puissance. Il n'en est rien.

Deux mots d'abord sur le caractère de l'industrie du pétrole.

Ce fut en France que commença le traitement des huiles de schiste en 1840; dix ans plus tard, James Young le pratiqua en Angleterre. En 1853, Stohwasser, de Berlin, inventa la lampe à pétrole qui fut ensuite perfectionnée par MM. Laidlaw, d'Édimbourg. En 1859, le colonel Drake fonda l'exploitation du pétrole près de Titusville, en Pensylvanie.

Les principaux gisements de pétrole aux États-Unis sont les

Apalaches qùi représentent tous les districts produisant ce qu'on appelle l'huile de Pensylvanie. Ils s'étendent de Wellsville, situé dans le nord-est de l'État de New-York, à la Virginie occidentale et comprennent une large portion du sud-est de l'Ohio. Leur extension à travers le Kentucky et le Tennessee, dans le nord de l'Alabama n'a pas pris de développements notables. En 1899, la production des *Apalaches* a atteint 33 millions de barils sur une production totale des États-Unis de 57 millions. La production totale de 1901 est également de ce chiffre. Les gisements du *Lime-Indiana* comprennent tout l'État d'Indiana et la partie du nord-ouest de l'Ohio où on trouve le pétrole dans le calcaire de Trenton. La production a été de 20.200.000 barils en 1899. Les districts de Venango et Butler sont à peu près épuisés. Ces dernières années, le gisement de Beaumont dans le Texas, près de la mer a progressé de 669.000 barils en 1899, à 6.254.000 barils dans les sept premiers mois de 1902; mais l'huile qu'il fournit est surtout propre à servir de combustible. L'exploitation en Californie du pétrole, chargé d'asphalte, qui atteignait 2.642.000 barils en 1899, est estimée à 13.140.000 barils en 1902 (1).

Suivant le rapport officiel de l'*United States Geological Survey*, dont l'auteur est M. Oliphant, les caractéristiques de l'industrie du pétrole en 1901 ont été les suivantes :

1° La quantité de pétrole brut produite est en augmentation sur celle des deux années précédentes;

2° Le nombre des puits forés dans les districts pétroliers des Apalaches et de Lime Indiana s'est beaucoup accru; ·

3° La production du sud-est de l'Ohio et du Texas (les nou-

---

(1) Les mesures des États-Unis sont les suivantes. Le baril vaut 42 gallons. Le gallon des États-Unis a 231 inches (pouces) cubiques et est égal à 3l,785, tandis que le gallon impérial anglais a 277 inches cubiques et est égal à 4l,54. Il faut 71 gallons des États-Unis pour faire 59 gallons anglais. Mais le *Census* compte en *Winchester gallons*. Le Winchester gallon a 274 1/4 inches cubiques et par conséquent n'est inférieur que de 1 0/0 à l'impérial gallon. Il faut ajouter que tandis que le baril du commerce intérieur est de 42 gallons, le baril d'exportation est de 50 gallons. Ces diversités de mesure donnent des arguments en faveur du système métrique.

velles régions riches en pétrole) a de beaucoup surpassé celle des précédentes années;

4° Le prix du pétrole brut au puits a beaucoup monté.

Le pétrole se trouve dans les terrains de l'époque primaire, silurien, devonien, carbonifère et dans des terrains tertiaires; les autres terrains n'en fournissent que peu. Les couches les plus productives d'huile et de gaz, sont des terrasses, plates et étendues, seulement inclinées de quelques pieds par mille. En raison de la différence de densité, le pétrole se trouve dans les anticlinaux et l'eau dans les synclinaux. La présence du pétrole implique des roches, grès, conglomérats ou calcaires, suffisamment poreux pour servir de réservoir à l'huile, et au-dessus une couche de roches impénétrables, d'étages argileux par exemple, qui en empêchent l'évaporation et l'oxydation.

II

Les puits à pétrole.

Les premiers puits furent creusés en 1860, par des ouvriers qu'on fit venir de la Virginie, où ils étaient habitués à rechercher des sources salées. Les procédés employés n'ont pas subi de grandes transformations. M. des Rousiers décrit l'installation du forage d'un puits à Callery station, au nord-ouest de Pittsburg. Une vieille machine à vapeur, rouillée, perdant de tous les côtés, la cheminée maintenue droite par trois fils de fer, actionne le treuil de levage, le balancier, formé d'une grosse poutre, et la pompe à sable, situés à 30 mètres d'elle par crainte des explosions et des incendies qui pourraient résulter des dégagements gazeux du puits. Un chevalement à quatre montants, appelé *derrick*, haut d'une trentaine de mètres, supporte une forte poulie sur laquelle passe la corde destinée à relever et à laisser retomber le lourd foret d'acier, d'un diamètre de 0ᵐ,30 et d'une longueur de 1ᵐ,40, qui doit être remplacé à peu près au bout d'une heure et demie de travail (1). On enlève les débris du sol avec la pompe à sable. Souvent le fleuret se brise et cet accident retarde le travail de plusieurs jours. Quand les sables ramenés à la surface indiquent l'éruption prochaine du pétrole, les deux hommes qui dirigent l'opération se hâtent d'éteindre le feu de la forge et le foyer de la machine à vapeur.. L'éruption du pétrole est souvent si violente qu'elle démolit l'échafaudage. L'un des hommes se précipite à l'orifice du puits où a été disposé un tuyau portant un pas de vis, et, en se faisant couvrir de pétrole, essaie d'y fixer une plaque de fermeture. Cette opération exige beaucoup de sang-froid, de vigueur physique et d'habitude.

Souvent au lieu de pétrole, on trouve une source d'eau salée qui rend le puits inexploitable, et, presque partout, s'élève du gaz naturel, sorte de pétrole à l'état gazeux, qu'on brûle à grands risques au haut d'une tige creuse à 7 ou 8 mètres de hauteur, quand on ne l'emploie pas au chauffage de la machine qui actionne la pompe.

Le pétrole ne se trouve pas par nappes, mais dans des poches (pools) inclinées. Un coup de sonde à droite peut n'amener que du gaz; un autre plus profond à gauche peut provoquer une éruption d'eau, tandis qu'un coup de sonde intermédiaire aurait amené le pétrole. On peut creuser tout à côté de la poche et ne rien trouver. A l'aide d'explosions de dynamite au fond du puits, on brise les parois qui pourraient séparer des poches contiguës.

Le prix de revient des puits dépend de leur profondeur. Dans l'Ohio, certains n'ont pas plus de 10 mètres; d'autres atteignent et même quelquefois dépassent 1.000 mètres. Un forage pour un puits de 400 mètres exige de vingt à vingt-cinq jours et coûte de 20 à 25.000 francs. Cependant, en 1902, le puit nº 3 de Sycamore Valley (*Monroe County*), a été foré

___

(1) *Encyclopædia Britannica Ancient and new volumes.* — *Le Pétrole*, par A. Riche et Halphen.— Paul des Rousiers, *les Industries monopolisées aux États-Unis*, p. 17.

à 300 mètres en douze jours. Plus la profondeur devient grande et plus l'outillage doit être puissant.

Ce travail est fait par de petits entrepreneurs qui, agissant pour un chercheur de pétrole, opèrent eux-mêmes avec l'outillage que nous venons de voir, en affrontant des risques de toutes sortes.

En échange de l'occupation de son sol, le propriétaire reçoit une redevance ou royalty. Au commencement de l'exploitation du pétrole, elle s'élevait jusqu'à la moitié de l'huile produite; maintenant, elle est fixée presque partout à un huitième. En ne l'estimant qu'à ce dernier chiffre pour la période 1859-1898, M. Archbold, vice-président de la *Standard Oil*, a trouvé que les propriétaires de la Pensylvanie avaient reçu plus de 96 millions de dollars (t. I. p. 359) (1).

III

La production du pétrole.

Le foreur de puits est un petit entrepreneur. Le producteur de pétrole pour qui il a agi peut n'être aussi qu'un petit capitaliste qui court les risques de sa recherche.

La production du pétrole est obtenue par 50 ou 60.000 puits, dont près de la moitié fournissent moins d'un baril par jour (t. I, p. 284 et 294). Un propriétaire en possède 30 ou 40. Certains puits donnent jusqu'à 15.000 barils par jour. Pour ceux-ci c'est la fortune. M. Lee, un adversaire de la *Standard Oil*, considère que le pétrole ne peut pas être produit à moins de 1 dollar ou de $ 1,30 par baril. Il estime que le prix de revient de 1 dollar à $ 1,20 ne laisse qu'un petit profit et que le prix du pompage est de 7 à 8 cents par baril de 42 gal-

____

(1) Quand il n'y a pas d'autres indications, les numéros des volumes et des pages renvoient aux XIX volumes de l'enquête de l'*Industrial Commission*.

lons (v. *infra*, ch. VIII); mais ce prix est contesté par un raffineur également indépendant de la *Standard Oil*, M. Westgate.
Il dit que les moyens d'extraction de l'huile brute sont beaucoup plus faciles qu'ils ne l'étaient autrefois. Un puits exigeait
jadis un homme, une pompe et une machine à vapeur; maintenant une machine puissante suffit pour 30 ou 40 petits puits
qui fournissent chacun un quart ou la moitié d'un baril (t. I,
p. 372).

La plupart des Français qui ont écrit sur les trusts donnent
l'impression que la *Standard Oil* accapare la production de
l'huile brute et que, si elle ne s'expose pas elle-même à l'alea
du forage des puits, elle s'en empare dès qu'ils sont en acti-
vité. C'est une erreur.

La grande affaire de la *Standard Oil*, c'est le raffinage du
pétrole et non pas sa production. Ses adversaires les plus passionnés, reconnaissent qu'elle ne possède qu'une partie relativement faible des puits de pétrole.

D'après M. Lee, représentant de trois organisations indépendantes de Pipe Lines, 75 0/0 des producteurs de pétrole
sont en dehors de la *Standard Oil*; 40 0/0 ou 50 0/0 sont
actionnaires des Compagnies qu'il représente (t. I, p. 292).

M. Archbold, vice-président de la *Standard Oil*, déclare que
pour le sud de l'Ohio, la *Standard Oil* fait ses affaires au nom
de l'*Ohio Oil Cᵒ* et n'a aucun intérêt dans les sociétés de production (t. I, p. 515). Il y avait, en 1900, en Pensylvanie et
dans la Virginie occidentale, 1.240 individus, 150 sociétés,
258 établissements producteurs de pétrole.

Il a donné un tableau indiquant la part de la production
appartenant à la *Standard Oil* dans la Pensylvanie et dans le
district de Lima.

De 1890 à 1898, la Pensylvanie a produit 292.708.726 barils de 42 gallons; sur ce chiffre, la part de la *Standard Oil*
a été de 65.323.225, soit 22,32 0/0. Dans le district de Lima,
la production a été de 175.481.558; la part de la *Standard Oil*
a été de 69.073.522, soit 36,36 0/0. Pour les deux réunis, la
part de la *Standard Oil* est de 28,70 0/0.

Dans le district de Lima, elle était, en 1890, de 55,93 0/0

sur une production totale de 15.014.568 barils; en 1893, elle n'était plus que de 47,01 0/0 pour une production de 17.823.255 barils ; en 1896, elle n'était plus que de 31,84 0/0 pour une production de 25.222.091 tonnes, et, en 1898, si elle s'est relevée à 35,63 0/0, c'est que la production s'est abaissée à 20.266.328 barils. Dans le district de Lima, la *Standard Oil* ne paraît donc pas avoir essayé d'augmenter sa puissance de production.

Dans la Pensylvanie, sa part, au contraire, n'était, en 1890, que de 8,71 0/0 sur une production de 30.005.867 barils ; en 1893. cette part devient de 21,45 0/0 sur une production de 31.256.283 barils. Elle s'élève, en 1897, à 27,83 0/0 sur une production totale de 35.170.367 barils, et, en 1898, elle monte à 35.55 0/0, mais la production s'était abaissée à 31.645.151.

On voit, d'après ces chiffres, que la part de la *Standard Oil* dans la production du pétrole brut a été en moyenne, pendant ces neuf années, de 28,70 0/0, tandis que sa part, dans la production du pétrole raffiné, dépasse 80 0/0.

Cependant, M. Lockwood (t. I, p. 403), M. Philipps (t. I. p. 592), adversaires passionnés de la *Standard Oil C°*, l'ont accusée d'avoir abaissé le prix de l'huile brute dans le district de Lima, en 1896 et en 1897, pour acheter des puits à des propriétaires endettés qu'ils ruinaient.

D'après le tableau présenté par M. W.-B. Foster (t. XIII, p. 670), le prix moyen du baril de pétrole dans le district de Lima a été, de 1887 à 1890, de 15 cents; en 1890, il s'élève à 30; en 1894, à 48, en 1895 à 71 3/4; en 1896 et 1897. il retombe à 66 3/4 et à 48, pour se relever à 61 3/4 en 1898, à 89 7/8 en 1899 et à 98 1/2 en 1900.

Dans les États de Pensylvanie, de la Virginie occidentale, de New York et de l'Ohio méridional, le prix moyen s'est abaissé en 1896 et 1897 de $ 1,19 qu'il était en 1895 à 78 3/8 et 91 1/8 cents, pour se relever à $ 1,29 3/8 en 1899 et à $ 1,35 1/4 en 1900.

Il y a donc eu une baisse certaine de prix pendant les deux années 1896 et 1897. Mais était-elle le résultat du projet que les adversaires de la *Standard Oil* lui prêtent? La part productive de la *Standard Oil* ne paraît pas avoir beaucoup augmenté en 1898.

Les allégations de M. Lockwood manquent de précision. En même temps qu'il disait que la *Standard Oil* avait abaissé les prix pour acheter les puits à bon marché, M. Lockwood disait qu'elle avait acheté des propriétés deux fois, trois fois et jusqu'à quarante fois leur valeur et qu'elle avait acheté le total des puits de l'Ohio (t. I, p. 403).

M. Philipps a prétendu aussi que la *Standard Oil* avait monopolisé de grands territoires pétrolifères dans la Virginie occidentale à l'aide de baux avec promesse de vente (t. I, p. 285). M. Archbold a répondu avec dédain à ces assertions (t. I, p. 561).

M. Davis suppose que la *South Pennsylvania Oil C°*, l'*Ohio Oil C°*, la *Carter Oil C°*, l'*United States Oil C°*, qui sont des sociétés de producteurs, sont des dépendances de la *Standard Oil C°*; mais il déclare qu'il n'a pas d'information positive à ce sujet (t. I, p. 354); seulement elles ont acheté de grands terrains pétrolifères.

M. Philipps assure que les achats de la *Standard Oil* « ne lui coûtèrent rien, parce qu'ils furent payés par le monde, par le consommateur » (t. I, p. 592). Si M. Philipps ne se doute pas qu'il en est toujours ainsi dans les entreprises prospères, quelle conception a-t-il donc de l'industrie?

M. Lockwood dit, de son côté, qu'après ses grands achats, la *Standard Oil* éleva ses prix à $ 2,60, mais que la loi de l'offre et de la demande fit son œuvre. Les bas prix avaient arrêté la production; les réservoirs contenaient de 4 à 5 millions de barils. Quand les prix s'élevèrent, les producteurs furent poussés à augmenter leur production et à rechercher de nouveaux puits (t. I, p. 403).

M. Lockwood a-t-il voulu dire que la *Standard Oil* aurait dû de nouveau abaisser ses prix d'achat et produire du pétrole plus chèrement que celui qu'elle pouvait acheter chez les particuliers?

Ceux qui récriminent avec le plus d'ardeur contre la *Standard Oil* sont obligés de reconnaître qu'elle est soumise aux lois économiques. M. Lee affirme que « le prix de l'huile brute est fixé arbitrairement par la *Standard Oil* » (t. I, p. 293); mais il ajoute lui-même que si le prix n'est pas assez rémunérateur pour le petit producteur, celui-ci ne continue pas l'exploitation de son puits, et alors la *Standard Oil*, pour être alimentée, est obligée de le relever.

M. Lee donne encore un exemple qui prouve que la *Standard Oil* n'est pas complètement maîtresse du prix de l'huile brute. La *Standard Oil*, en mars 1896, vendait son huile à 9 et 9 1/2 cents le gallon, à New-York. La *Pure Oil C°* la vend à 9 cents. En juillet, la *Standard Oil* réduit son prix qui tombe jusqu'à 5 1/2 cents au détail pour la meilleure qualité de pétrole.

Quand la *Standard Oil* abaisse le prix de 9 1/2 cents par gallon à 5 1/2, si elle était la maîtresse des cours, elle abaisserait proportionnellement le prix de l'huile brute et ferait payer les frais de la guerre par les producteurs.

Or, M. Lee constate que, le 9 mars le baril de 42 gallons vaut $ 1,30, soit un peu plus de 3 cents le gallon; quand le prix tombe à 5 1/2 cents, le baril vaut $ 1,15; la *Standard Oil* réduisait donc le prix du pétrole raffiné de $ 1,68, tandis que le prix du pétrole brut ne diminuait que de 15 cents. M. Lee affirme qu'à ce prix la *Standard Oil* vendait à perte (t. I, 265).

M. Archbold, de la *Standard Oil*, déclare que la direction a tous les jours à sa disposition tous les renseignements possibles sur le marché du monde. C'est d'après ces renseignements qu'elle fixe le cours de ses achats de pétrole brut. Elle les communique aux 40 ou 50 agents qui en sont chargés. Je les vois dans la cote du *Journal of Commerce and Commercial Bulletin of New-York*. Ils sont précédés de la mention suivante : « Les prix suivants sont fixés pour aujourd'hui par la *Standard Oil C°* ». Ils restent quelquefois des mois sans variation.

La *Standard Oil C°* n'a donc pas le monopole de la pro luction. Dans son *Final Report* (t. XIX, p. 229), l'*Industrial Commission* résume ainsi la situation :

« La *Standard Oil C°* a le contrôle pratique du pétrole raffiné dans les États-Unis et à un degré considérable le contrôle sur

la production du pétrole brut. Il y a des consolidations proje-
tées pour le pétrole produit dans le Texas et en Californie,
mais beaucoup de producteurs indépendants agissent encore
dans l'Ouest et le Sud ».

La *Standard Oil* exerce son action sur le producteur par un
autre moyen que l'achat des puits. Dès qu'un puits présentant
quelque chance de production est ouvert, elle le met en communication avec ses réservoirs à l'aide d'un tuyau appelé *pipe
line*, souvent long de 25 à 30 milles. Le producteur compare
les frais que lui imposerait le transport de son huile par chemin de fer ou par bateau au marché le plus voisin et le prix
que lui offre le propriétaire du tuyau. Celui-ci a un avantage
tel qu'il devient l'acheteur obligatoire en raison du service
qu'il rend au producteur.

Qu'elle en ait besoin ou non, la *Standard Oil* achète toujours
l'huile qu'on lui propose. Elle ne refuse jamais une offre de
vente. Seulement elle règle les offres en fixant les cours de
chaque jour selon l'état du marché. Quand son stock s'élève,
elle diminue la production en baissant ses prix : mais elle
pratique l'égalité entre tous ses vendeurs, affirme M. Gunton,
et cette affirmation n'a pas été contestée (t. I, 636). Le propriétaire d'un puits qui fournira 1/2 baril dans sa journée vend
son huile au même prix que celui qui peut en fournir 40 à
l'heure.

La *Standard Oil* ne tient compte que de la différence de la
qualité de l'huile. Je prends une des cotes récentes : *Tiona*,
S 1,65 ; *Pennsylvania*, S 1,50 ; *Corning*, S 1,30 ; *Newcastle*,-
S 1,37 ; *North Lima*, S 1,11 ; *South Lima*, S 1,06 ; *Somerset*,
95 c. ; *Whitehouse* S 1,20 ; *Lacy*, 95 c. *and Indiana* S 1,06.

Toutefois, elle ne délivre un certificat négociable sur le marché que par 1.000 barils.

Nous pouvons donc dire :

*La recherche des terrains pétrolifères est faite par l'initiative
de nombreux et souvent petits industriels.*

Le forage des puits est pratiqué par de petits entrepreneurs.

*Les puits de pétrole sont répartis entre à peu près 1.700 pro-
ducteurs.*

La Standard Oil *est leur principal acheteur.*

Elle achète tout, mais elle fixe les cours de manière à ralentir ou à augmenter la production selon ses besoins en huile raffinée.

Ce n'est point le monopole des terrains pétrolifères qui lui a assuré plus de 80 0/0 de la vente du pétrole raffiné dans les États-Unis.

D'où vient donc sa puissance?

IV

La *Standard Oil* et les Chemins de fer.

En 1859, on utilise le pétrole. On obtient 8.500 barils au prix de 20 dollars chacun ; en 1860, 650.000 barils au prix de $ 9,60 ; en 1861, 2.118.000 et le prix tombe à 52 cents. Le pétrole à la bouche du puits n'a pas de valeur. On ne peut l'utiliser qu'à la condition de le mettre à la portée du consommateur. En 1863, on commença les transports par bateaux. Des chemins de fer pénétrèrent dans l'*Oil territory*. En 1865, le transport du pétrole à New-York coûtait $ 12,18. En 1864, le gouvernement mit une taxe sur l'huile brute et l'huile raffinée. Avec une production de 3.347.000 barils, les prix tombèrent en 1867 à $ 2,40.

Les moyens de transport employés pour le pétrole sont au nombre de deux : le chemin de fer, soit par *tankcars* (wagons citernes), soit en barils ; les *pipe lines*, longues canalisations en tuyaux de fer doux.

La *Standard Oil* ne les fait servir que pour le transport de l'huile brute aux raffineries ; elle ne fait voyager le pétrole raffiné qu'en *tankcars* ou en barils.

Tous les témoignages sont d'accord sur le point suivant: la cause originaire de la grande prospérité de la *Standard Oil* provient des faveurs qu'elle a obtenues des chemins de fer depuis l'origine jusqu'en 1888, époque où fut mis en vigueur l'*Interstate commerce Act* et où fut établie l'*Interstate commerce Commission*.

La Société Rockfeller, Andrews and Flagler, établie à Cleveland (Ohio), absorba diverses autres petites raffineries et la *Standard Oil C° for Ohio*, en 1870 ; elle n'avait qu'un million de dollars de capital et elle consommait par jour 600 barils d'huile brute.

Elle sut obtenir le concours, comme actionnaires, des « railroads magnates » Scott, de la *Pennsylvania Railroad ;* Vanderbilt, du *New-York central Railway ;* Jewett, de l'*Erie Railroad ;* A. Watson, du *Lake shore Railroad*, etc.

Alors elle établit au capital de 200.000 dollars la *South improvement C°*, dont l'acte constitutif est du 6 mai 1871. Cet acte indiquait que cette Compagnie avait pour but de se substituer à la *Pennsylvania C°*. L'*Act* lui donnait le pouvoir d'expropriation sur toutes les propriétés qui lui conviendraient pour « augmenter, faciliter ou développer le commerce et les transports des marchandises, du bétail et des personnes, ou de quelque autre objet, par terre ou par eau, de quelque point que ce fût des États-Unis ou de ses territoires ».

Elle était chargée d'obtenir et de percevoir les *rebates* (les remises) que devaient lui donner les Compagnies de chemins de fer. La *South improvement C°*, en 1872, avait obtenu que les tarifs fussent augmentés jusqu'au double pour les concurrents et que les Compagnies de chemin de fer donnassent à la *Standard Oil* tous les détails des affaires de ceux-ci.

Un contrat du 18 janvier 1872, intervenu entre la *South improvement C°* et le *Pennsylvania Railroad*, établit un partage entre les Compagnies de chemins de fer pour le transport de l'huile allant à la côte de l'Atlantique, 27 1/2 0/0 à l'*Erie*, 27 1/2 au *New-York central*, 45 0/0 au *Pennsylvania*.

La constitution et les agissements de la *South improvement C°* provoquèrent un tel mouvement d'opinion de la part des producteurs de pétrole que sa charte fut rappelée le 25 mars 1872 ; mais M. Emery dit qu'il y eut douze ou quinze autres chartes du même caractère.

Le rapport du Comité de la législature de New-York, en 1879, constate les remises faites à la *Standard Oil*.

M. G. Rice cite la lettre suivante de MM. Chess, Carley et C° adressée, le 16 juin 1881, à M. J. M. Culp, qui était administrateur général des chemins de fer de Louisville à Nashville :

« Witkinson et C° ont reçu un wagon ayant payé seulement $ 41,50, chargez à $ 57,40. Veuillez donner un nouveau tour de vis ».

MM. Witkinson et C° étaient les agents commerciaux de M. Rice.

Quoique le fait remonte à une date lointaine, M. H. Page a tenu cependant à en fournir une explication au nom de la *Standard Oil*. Il dit que M. Rice avait profité d'un tarif inférieur à ceux des autres transporteurs. MM. Chess, Carley and C° réclamèrent. L'expression « tour de vis » ne signifiait pas que le chemin de fer devait écraser M. Rice, mais qu'il devait lui appliquer le tarif régulier.

A l'appui de cette explication, M. Page donne l'argument suivant : les bureaux de MM. Chess, Carley et C° et ceux de M. J. Culp étaient voisins. Si MM. Chess, Carley and C° avaient donné à cette expression le caractère que lui prête M. Rice ils n'auraient pas écrit. Enfin la direction des Chemins de fer attachait si peu d'importance à ce papier qu'il a dû parvenir à M. Rice, épinglé au refus de faire droit à une réclamation de sa part pour quelque transport postérieur (T. I. p. 785).

M. Rice donne un tableau des tarifs qui, jusqu'en 1888 au moins, étaient accordés à la *Standard Oil* et de ceux qui lui étaient accordés. Il les produisit en 1887 devant l'*Interstate commerce Commission*.

Le point de départ est Marietta; par le *Louisville et Nashville Railroad*, les faveurs pour la *Standard Oil* variaient, selon les destinations, de 87 à 333 0 0; par le *Cincinnati, New Orleans and Texas Pacific*, de 63 à 267 0/0; par la *Newport News and Mississipi Valery C°*, de 40 à 100 0/0; par le *Saint-Louis, Iron mountain and southern*, de 82 à 257 0/0.

La Cour suprême de l'Ohio nomma un « master commissioner » qui reconnut que là où la *Standard Oil* payait 10 cents par baril, M. G. Rice en payait 35, soit 250 0/0 en plus.

Il est vrai que la *Standard Oil C°* rendait certains services, facilitait la manutention de sa marchandise, aplanissait les difficultés dans certains des « pools » de chemins de fer; qnand plusieurs Compagnies étaient convenues d'un partage de trafic, la *Standard Oil C°* pouvait, grâce à l'abondance de ses transports, répartir son trafic, de mois en mois, de manière à donner soit à un chemin de fer, soit à un autre, son propre pourcentage.

Dans sa déposition, M. John Rockefeller, président de la *Standard Oil*, s'est borné à dire qu'avant 1887, s'il reçut des remises sur les tarifs de chemins de fer, c'était d'un usage courant, que chacun obtenait le meilleur marché possible; que, situé à Cleveland, la *Standard Oil* avait l'avantage d'avoir à sa disposition plusieurs lignes et, pendant l'été, la voie d'eau, pouvant ainsi faire le choix de ses moyens de transport; qu'elle offrait en outre des avantages de chargement et de déchargement aux Compagnies et les dégageait de toute responsabilité contre les risques d'incendie. Il a ajouté qu'on exagérait beaucoup les remises qu'elle avait obtenues, qu'elles ne dépassaient pas 10 0/0, que souvent des concurrents avaient obtenu autant et mieux, et que les remises avaient plus d'avantages pour le consommateur que pour la Compagnie (t. I, p. 794), Il a protesté contre cette allégation que le *Standard Oil Trust* aurait jamais reçu quelque chose sur les sommes payées par ses concurrents aux chemins de fer, que si une fois un arrangement de ce genre avait été fait dans l'Ohio par un agent, le Conseil du *Trust* l'avait fait annuler.

Le *Final Report* conclut : « Quels que soient les services rendus aux Compagnies de chemins de fer par la *Standard*, il est évident que relativement à ce qu'ils lui coûtaient, elle en retirait de tels avantages qu'il était impossible pour ses concurrents de résister à une concurrence de cette nature » (t. XIX, p. 597).

« Parmi les plus actifs des transporteurs favorisés par les Compagnies de chemins de fer, se trouvait la *Standard Oil C°*. »

Le *Final Report* considère comme prouvé que la *Standard*

Oil « recevait un pourcentage sur tous les transports d'huile faits par ses concurrents. »

Mais l'*Interstate Commerce Act*, qui prohibe les tarifs de faveur, entre en vigueur à la fin de 1887. Il institue une *Inter-state Commerce Commission* chargée d'en maintenir l'application.

Cet *Interstate Commerce Act* est-il respecté? Les adversaires de la *Standard Oil* ont prétendu que les Compagnies de chemins de fer continuaient de le violer en sa faveur. Mais sous quelle forme? Ils ont mis en avant plusieurs systèmes qui seraient employés.

M. Rice a évoqué les trains fantômes. Ce sont des trains qu'on voit passer sur les lignes, qui traversent l'espace le jour ou la nuit; seulement ils ne laissent aucune trace sur les livres de la Compagnie. En 1883, M. Gowen, devant l'*Interstate Commerce Commission*, établit que les quantités de blé embarquées pour l'Europe étaient beaucoup plus considérables que les quantités que les chemins de fer avaient reconnu avoir transportées de l'Est à l'Ouest.

Seulement, aucune preuve n'a été apportée que ces trains fantômes existent encore depuis 1888 et qu'ils aient jamais été utilisés par la *Standard Oil*.

La *Standard Oil* fait faire ses transports en *tankcars* par une Compagnie spéciale, l'*Union Tank Line C°*. Son vice-président, M. Page, a expliqué de la manière la plus précise le système des transports du pétrole par chemins de fer aux États-Unis (t. I, p. 766). Les chemins de fer ne pouvaient vérifier la quantité des pétroles contenus dans les *tankcars*. Le naphte pèse de 5 1/4 à 5 3/4 livres par gallon; l'huile raffinée, 6 1/2; l'huile lubrifiante, 7 1/4 à 7 1/2. On a pris une moyenne de 6 l. 4 par gallon, qui comprend toutes les qualités.

Chaque Société possédant des *tankcars* a une jauge moyenne qui est publique et acceptée par les chemins de fer : elle est de 140 barils pour l'*Union Tankcar*.

On a pris un poids moyen par baril, baril compris, de 400 livres par baril et de 300 livres par baril transporté par *tankcar*.

L'unité de chargement est de 60 barils, capacité des *carloads*;

la capacité des *tankcars* est de 140 barils. Il faut donc plus de deux *carloads* pour un *tankcar* : d'où une augmentation de dépense.

Pour le pétrole expédié par *tankcar*, la manipulation est faite par l'expéditeur et le destinataire; pour le pétrole expédié par baril, le chargement est fait par l'expéditeur, mais le plus souvent le déchargement est fait par le chemin de fer.

Le tarif de l'*Union Tank Line* est de 3/4 de cent par mille.

M. Rice se plaint que les chemins de fer ne fournissent pas de *tankcars* alors que le transport par barils revient à quatre fois plus cher.

M. Page répond que les *tankcars* sont des wagons spéciaux qui formeraient un capital improductif pour les chemins de fer. Admettons, dit-il, que 200 wagons soient nécessaires pour transporter l'huile entre Chicago et Saint-Paul et Minneapolis: cinq lignes de chemins de fer se feront concurrence ; devront-elles avoir chacune 200 wagons-citernes coûtant 150.000 dollars? Ce serait un gaspillage de 1.000 wagons pour 200 qu sont utiles.

Un *tankcar* c'est comme un *pullmancar*: c'est un véhicule spécial qui va partout où on en a besoin.

L'exploitation des *tankcars* n'est pas rémunératrice, à cause du chômage du matériel pendant l'été, alors que la consommation du pétrole diminue.

M. Rice avait dit que la *Tankcar Line C°* remboursait son capital tous les trois ans. M. Page répond qu'elle n'a jamais distribué de dividende, que son revenu a été en moyenne, de 1891 à 1898, de 4 1/2 0/0, relativement à son capital; et quoique habituellement on compte, dans les chemins de fer 6 0/0 pour la dépréciation du matériel, l'*Union Tank Line* ne prélève rien.

— Mais, demande un des commissaires (t. I, p. 281), pourquoi l'*Union Tank Line C°* continue-t-elle à faire des affaires, puisqu'elles ne rapportent pas de bénéfices? pourquoi est-elle une compagnie séparée de la *Standard Oil?*

A la première question, M. Page répond que le *tankcar* fait partie de l'outillage de l'industrie du pétrole : c'est l'instrument de distribution du pétrole raffiné. A la seconde, M. Page répond que ses propriétaires sont ceux de la *Standard Oil C°* ou plutôt des différentes *Standard Oil C°* et qu'ils considèrent qu'elle leur est utile, au point de vue légal, parce que ses voitures circulent dans tous les États de l'Union (t. I, p. 782-783).

Cependant l'*Union Tank Line C°* doit utiliser son matériel aussi bien que possible, car il ne représente que 40 0/0 du matériel des États-Unis, tandis que la *Standard Oil* fournit plus de 80 0/0 du pétrole consommé.

D'après la liste, fournie par M. Page, des divers propriétaires de *tankcars*, au 1er novembre 1899, ils n'étaient pas moins de 180, possédant 7.420 *tank-cars*, tandis que l'*Union Tank Line C°* en possédait 5.851.

Malgré les avantages du transport par *tankcars*, la plus grande partie de l'huile de la *Standard Oil* est distribuée en barils. Elle est expédiée en *tankcars* jusqu'à un point de répartition; mais là, pour être détaillée entre les acheteurs locaux, elle doit être mise en barils.

M. Rice avait prétendu que les chemins de fer, en payant très cher l'huile lubrifiante de la *Galena Oil*, donnaient une faveur indirecte à la *Standard Oil* dont elle dépend.

M. Page répond : — La différence de prix provient de sa qualité et non pas d'une faveur. Cette Compagnie a une spécialité d'huile pour les chemins de fer et pour les navires. Elle la vend par contrats de trois à cinq ans à un prix uniforme à toutes les Compagnies. » Mais, chose étonnante, M. Page ne connaît pas ce prix (t. I., p. 757-759.)

Les Compagnies de *cars*, pas plus que celles des *tankcars* que celles des *pullman-cars* ou des *refrigerator-cars*, ne sont soumises à l'*Interstate commerce commission*; elles n'établissent pas de tarifs, comme une Compagnie de chemins de fer.

M. Rice avait avancé que pour les transports sur la côte du Pacifique les Compagnies avaient des tarifs d'été et des tarifs d'hiver. M. Page a répondu qu'il n'en était rien et que, depuis 1891, les tarifs n'avaient pas changé.

M. Westgate, raffineur à Titusville, dit que les Compagnies de chemins de fer ne sollicitent pas l'*independent oil trade*.

Quoiqu'il transportât de 12 à 14.000 barils par mois, jamais les grandes lignes ne se sont occupées de ses transports. On pourrait déduire de ces mots *independent oil trade* que cette négligence est systématique dans l'intérêt de la *Standard Oil*. Cependant, au moment de la construction de l'*United States Pipe Line*, qui était une concurrence à la *Standard Oil*, chaque jour des agents venaient solliciter le transport de quelques tonnes de fer (t. I, p. 378).

Depuis 1888, les adversaires de la *Standard Oil* ont relevé quelques faits relativement insignifiants, tels que celui d'une erreur commise sur trois ou quatre *tankcars*, et M. Page paraît y avoir répondu victorieusement en disant : « La loi est en vigueur depuis douze ans. La *Standard Oil* a transporté des milliers de barils sur tous les points des États-Unis. Les pièces de transport ont passé entre des milliers de mains. Comment donc aurait-on pu conserver le secret de tarifs de faveur? Nous payons exactement le même tarif d'un point à un autre que n'importe lequel de nos concurrents. Nous n'avons pas un dollar de faveur » (t. I, p. 768-770).

Les intéressés reconnaissent qu'avant l'*Interstate Commerce Act* de 1887, ils suivaient, d'une manière plus habile, des pratiques qui étaient employées par tout le monde. Mais on comprend fort bien que M. Archbold, que M. Rockfeller se félicitent maintenant de la suppression de ces tarifs de faveur. Les allégations faites, qu'ils sont toujours en vigueur au profit de la *Standard Oil*, sont plus passionnées que prouvées. D'après les renseignements fournis à l'*Industrial commission*, les chemins de fer ne paraissent plus, depuis 1888, donner de privilèges à la *Standard Oil*.

V

Les Pipe Lines.

Avant d'avoir étudié les détails de l'histoire de la *Standard Oil*, je croyais, il y a quelques années, que sa puissance initiale venait de son système de *pipe lines*. On voit qu'elle vient, à l'origine, de ses bons rapports avec les compagnies de chemins de fer; et, ce sont ces bons rapports qui lui ont permis d'établir son système de *pipe lines*. Il enlève aux chemins de fer le transport dangereux de l'huile brute. Mais la *Standard Oil* leur assure le transport de l'huile raffinée pour lequel elle ne se sert jamais de *pipe lines*. Ces tuyaux en fer doux servent exclusivement au transport de l'huile brute des puits aux raffineries.

L'idée des *pipe lines* appartient à M. Thomas B. Bates de Syracuse, qui fonda une Société, la *Tubing Transportation C°*, au capital de 100.000 dollars. Elle commença la pose des tuyaux en novembre 1865, et ce fut le 10 décembre qu'elle pompa la première huile. De cette date au 23 janvier 1866, elle avait pompé 20.000 barils d'huile qu'elle avait transportée à une distance de 7 milles, de Pithole à Oleopolis, à travers des tuyaux de 6 pouces de diamètre (0^m,15). La différence de niveau entre le champ pétrolifère et la rivière était de 300 pieds, et l'huile était entraînée par son propre poids.

Deux autres compagnies furent fondées et employèrent des pompes. Elles les multiplièrent inutilement, en en mettant une au pied de chaque colline. Pour une distance de 5 1/2 milles, la *Miller farm and Pithole C°* a tout d'abord employé cinq pompes. Maintenant elles sont situées à des distances de 100 et de 150 milles l'une de l'autre.

De petites compagnies se fondèrent, quand, en 1867, Abbot et Harley réunirent avec la *Western Transportation C°* deux lignes leur appartenant; puis, en 1869, ils absorbèrent d'autres sociétés, si bien qu'à cette date leur capital était de 2 millions de dollars et ils possédaient une longueur de tuyaux de 500 milles. On trouve Jay Gould parmi les premiers actionnaires, mais pas un seul des noms qui ont fondé et dirigé la *Standard Oil C°*; de même pour les autres grandes sociétés formées comme la *Star Pipe Line*, en 1867, comme la *Commonwealth Oil and Pipe Line C°*, en 1871, comme l'*United Pipe Lines*, en 1874.

Les adversaires de la *Standard Oil C°*, lui assignent le rôle suivant. Il faut remarquer qu'à ce moment les *pipe lines* amenaient surtout l'huile des puits aux chemins de fer. La *South improvement C°*, fondée par les hommes de la *Standard Oil* et les *Magnates Railroads*, ayant le droit d'expropriation sur tous les terrains, suscita de grandes colères. Les producteurs d'huile demandèrent le même droit de domaine éminent pour toutes les *pipe lines*. M. Emery, sénateur de Pensylvanie, raconte que M. Scott, de la *Pennsylvania Railroad C°*, tout puissant auprès de la législature, ne voulut pas que la loi fût générale. « Il permettait seulement une loi pour les huit *counties* pétrolifères, mais il ne voulait pas que les *pipe lines* pussent faire concurrence aux transports par chemin de fer ou par eau; il ne toléra aucun *pipe line* à moins d'un mille de tout chemin de fer et il interdisait aux *pipe lines* l'accès de Pittsburg. » Cependant sous cet acte de 1872, les *pipe lines* se multiplièrent; mais, en fait, il fut annulé, en 1874, par le *Wallace Corporation Act;* et la *Standard Oil*, par des ententes avec les chemins de fer, accula à la faillite toutes les sociétés propriétaires de *pipe lines*, excepté une, et les acheta. A partir de 1876, la *Standard Oil* fut le seul propriétaire de *pipe lines;* par conséquent, elle fut le seul acheteur de pétrole; elle jouit d'un monopole complet jusqu'en 1890, date à laquelle des sociétés indépendantes de *pipe lines* ont commencé à s'établir.

Elle agit à l'aide d'une compagnie, la *National Transit C°*, qui a une charte identique à celle de la *South improvement C°*. Cette charte, que plusieurs compagnies de noms divers se repassèrent, fut transférée, en 1881, à la *National Transit C°*.

On est d'abord étonné que ce soit grâce à son entente avec les chemins de fer que la *Standard Oil* soit devenue maîtresse des *pipe lines*, qui sont une concurrence. Mais il faut observer que tout d'abord les *pipe lines* étaient destinées à amener l'huile brute des puits au chemin de fer qui ne peut aller les y chercher.

Les Compagnies de chemins de fer ont favorisé elles-mêmes l'établissement des longues *pipe lines* qui viennent de Pensylvanie ou de l'Ohio jusqu'aux raffineries du bord de la mer, en permettant de placer les tuyaux le long de leurs voies; mais elles ont favorisé seulement celles de la *Standard Oil* dans laquelle les *Magnates Railroads* étaient intéressés. Quand M. Émery voulut établir celles de l'*United States Pipe Line*, la *Standard Oil C°* lui suscita toutes sortes d'obstacles (t. I, p. 267). Elle faisait acheter des hypothèques ou des bandes de terre sur le tracé qu'il devait suivre; .et dans l'État de New-York, la loi sur la liberté des *pipes lines* a été amendée de telle sorte qu'elle est sans valeur. Quand il voulut passer sous l'*Erie Railway* à Bradford, ses ouvriers furent repoussés par la force. A Hancock, au bout de trois mois, ils furent obligés de renoncer à traverser un pont de la même Compagnie. M. Émery estime que les différentes oppositions, évidemment concertées, auxquelles il se heurta, provoquèrent une dépense de 150.000 dollars. Quand il rencontra le *Delaware Lackawanna and Western Railroad*, les ouvriers du chemin de fer attaquèrent les ouvriers de la *Pipe Line* avec des morceaux de charbon en feu, de l'eau bouillante et des pierres. On plaida. Au bout de sept mois, les tribunaux décidèrent en faveur de la *Pipe Line;* mais au bout de quatre ans, la Cour suprême de New-Jersey décida qu'elle devait être enlevée, et la *Pipe Line* dut être conduite à Philadelphie (t. I, *Digest.*, p. 103). M. William Rockfeller est un des directeurs du *Delaware Lackawanna and Western Railroad*.

Ces diverses allégations sont plus ou moins contestées et interprétées par M. Archbold; il dit même que l'*United States Pipe Line C°* a des faveurs de tarifs du *Central Railroad of New Jersey* (t. I, p. 513-521). D'un autre côté, un des défenseurs de la *Standard Oil*, M. Boyle, trouve que la *Standard Oil C°* a parfaitement raison de s'opposer par des achats de terrains et autres moyens à l'établissement de lignes concurrentes inutiles.

La *Standard Oil* n'a pas besoin d'acheter des gisements de pétrole, puisque le producteur de pétrole brut ne peut guère le vendre qu'au propriétaire des *pipe lines*. La *Standard Oil* déduit 2 1/2 pour évaporation et perte.

Cependant la *National Transit C°* qui agit pour le compte de la *Standard Oil* ne refuse pas de livrer du pétrole brut à un raffineur indépendant.

Seulement, les adversaires de la *Standard Oil C°*, MM. Lee, Philipps, Émery, Davis, Rice, lui reprochent de prendre un prix excessif pour le transport de l'huile par les *pipe lines :* 20 cents par baril pour le transport local, puis 45 cents pour le transport jusqu'au bord de la mer. Depuis vingt ans, ces prix n'ont pas été diminués, quoique le prix du tuyau de 2 pouces ait baissé de 35 cents à 6 par pied et quoique le prix du transport local soit de 5 à 8 cents par baril et quoique le prix du transport jusqu'à la côte ne soit pas plus élevé.

M. Davis, producteur d'huile et raffineur indépendant à Marietta (Ohio), raconte ce fait. La *Corning Oil* est un peu inférieure à l'huile de Berea ou de Pensylvanie. La *Buckeye Pipe Line* l'achetait 17 cents de moins par baril que la *White sand Oil;* mais au lieu de faire payer 20 cents, elle le faisait payer 35 cents. Donc elle l'achetait au producteur d'huile 17 cents de moins, mais le faisait payer au raffineur à peu près aussi cher. M. Davis veut essayer le transport par chemin de fer : il en demande les conditions. Il reste un mois sans obtenir de réponse, et au bout de ce temps on lui remet un tarif de 35 ou 36 cents plus élevé que la *Pipe Line* (t. I, p. 353).

M. Henry H. Rogers, qui est président de la *National Transit Line C°* et vice-président de la *Standard Oil of New Jersey,* considère le prix de 20 cents comme raisonnable. Il énumère les frais du transport local, les aléas, l'épuisement des puits; quand le producteur ne fournit pas d'huile, le tuyautage est un poids mort; quand il en fournit une quantité insuffisante, le tuyautage est inutilisé en partie. M. Rogers reconnaît que les tuyaux qui ne sont pas utilisés peuvent être transportés dans un autre endroit.

Quels sont les prix de revient du transport de l'huile au bord de la mer? M. Rogers déclare que personne ne le sait. Quels sont les bénéfices du transporteur? M. Rogers semble aussi ignorant sur ce point que sur le précédent. Quelle est la capacité des tuyaux? M. Rogers, président de la *National Transit C°* et vice-président de la *Standard Oil C° de New Jersey*, répond qu'il est très difficile de répondre à une semblable question. « Nous avons, dit-il, 35.000 milles de tuyaux, de 2, 2 1/2, 3, 4, 5, 6 et 8 pouces de diamètre répandus sur toute la surface du pays. »

Le 1er octobre 1899, à 7 heures du matin, il y avait comme huile brute de Pensylvanie, dans les tuyaux de 5 pouces et au-dessus, 535.528 barils de 42 gallons chaque (t. I. p. 584).

L'établissement de ces voies est cher; la *Standard Oil* estime le prix de ses voies à 50 millions de dollars, ce qui ferait 1.428 dollars par mille. M. Boyle, pour montrer qu'un réseau de *pipe lines* nécessite une puissante organisation cite avec admiration l'exemple de la mise en exploitation, en 1891, du gisement de Macdonald. En juillet, il fournissait 3.000 barils par jour; au milieu d'août, 15.000; le 1er septembre, 26.000; le 1er octobre, 40.000; le 1er novembre, près de 80.000. La *National Transit Line C°* avait établi dans ce court espace de temps 53 milles de tuyaux, sur un territoire de 12 milles carrés, avait installé des pompes suffisantes et des réservoirs d'une capacité de 3 millions de barils, qui avaient absorbé 10.000 tonnes de fer.

Puis cette énorme production s'est réduite à 5.000 barils, et la plus grande partie de cet outillage est devenue inutile.

Les adversaires de la *Standard Oil* paraissent un peu naïfs en discutant le prix de revient du transport par *pipe line*. M. Thomas W. Philipps calcule que le transport par *pipe line* coûte 5 cents par baril de la Pensylvanie au terminus New Jersey, au taux de 3.000 barils par jour, ce qui est la moitié de la capacité; avec pleine utilisation des tuyaux, les frais ne reviendraient qu'à 4 cents, tandis que la *Standard Oil* prend 20 cents, et ce prix n'a pas baissé depuis vingt ans.

En réalité, la *National Transit Line C°* ne transporte que dans l'intérêt des raffineries de la *Standard Oil*. Pour établir des lignes, elle jouit du privilège de l'expropriation ; mais elle est libre ensuite d'en faire l'usage qu'il lui convient, de prélever les tarifs qu'il lui plaît.

Si ces tarifs ne conviennent pas aux raffineurs indépendants, ils n'ont qu'à faire des *pipe lines* aussi eux, seulement la *Standard Oil* fera tout son possible pour en contrarier l'établissement.

Quand on presse un peu trop M. Rogers, il se borne à dire : « Nous ne faisons pas des affaires pour notre santé, mais pour des dollars » (t. I, p. 588).

VI

Les transformations du *Standard Oil Trust*.

Dans sa déposition devant l'*Industrial Commission*, M. John Rockfeller dit : « La première combinaison relative au pétrole dans laquelle je fus intéressé, groupa les divers établissements de William Rockfeller and C°, de Rockfeller and Andrews, de Rockfeller and C°, de G. V. Harkness et de H. M. Flagler, vers 1867. Elle avait pour but principal d'unir nos capacités respectives et nos capitaux pour donner à nos affaires de la grandeur et de l'importance à la place des petites affaires auxquelles chacun de nous s'était livré jusqu'à ce moment. Quand le développement de nos affaires fut clairement prouvé et que nous trouvâmes qu'une augmentation de capital était utile, nous trouvâmes les concours nécessaires et la *Standard Oil* fut organisée avec un capital de 1 million de dollars ».

Plus tard, il fut porté à 3.500.000 dollars, puis il fut augmenté successivement ; de nouvelles personnes vinrent se joindre à la *Standard Oil*, « l'objet étant toujours le même, dit M. John Rockfeller, étendre nos affaires en fournissant les produits les meilleurs et les moins chers » (t. I, p. 795).

Les adversaires de la *Standard Oil* n'ont infirmé en rien cette déclaration, trop conforme à la nature des choses, pour n'être pas l'expression de la vérité.

En 1870, il y avait environ 250 raffineries de pétrole. Les défenseurs de la *Standard Oil* disent qu'elles se faisaient une concurrence désastreuse avec des moyens insuffisants pour chacune. La politique de la *Standard Oil* fut de réunir les plus importantes et, par cela même, d'éliminer les autres, de gré ou de force.

D'après un de ses adversaires, elle réussit si bien qu'en 1879, deux de ses membres, MM. Rogers et Bostwicke, affirmaient devant le *Hepburn Committee* qu'elle contrôlait 90 à 95 0/0 du pétrole raffiné en Amérique. « Il fut un moment, dit M. Emery, où il n'y avait pas un seul raffineur indépendant. » Il dirigeait lui-même à Titusville une raffinerie qui produisait 800 barils par jour. Invité à entrer dans la *Standard Oil C°*, il refusa; mais, à la fin de 1873, il fut forcé de la lui vendre. Elle avait coûté 85.000 dollars; elle fut achetée 45.000.

En 1880, à l'instigation du *Pennsylvania Railroad*, il établit une nouvelle raffinerie à Philadelphie; mais il dut la fermer parce qu'il se trouva dans l'impossibilité de trouver des *cars* pour le transport de l'huile brute.

Pendant cette période, les administrateurs de la *Standard Oil C° of Ohio* employèrent la forme des *pools* fixant les prix et la production de chaque établissement annexé. Mais les *pools* ne fonctionnèrent qu'avec beaucoup de frottements ; l'unité de direction manquait soit pour régler le marché, soit pour assurer les meilleures méthodes de production.

Alors fut organisé le *Standard Oil Trust* du 2 janvier 1882 (t. I, p. 1221). Un comité de neuf membres recevait *in trust* (en dépôt) de chacun des établissements engagés, soit une partie des actions avec plein pouvoir de voter, ou, sous autre forme, la direction complète des propriétés séparées. Les dépositaires *(trustees)* émettaient en échange de ces dépôts ou de ces pouvoirs des *trust certificates*, représentant la valeur respective des établissements.

Les *trust certificates* étaient de 100 dollars chacun et portaient le titre de *Standard Oil Trust Certificates*. Les articles 12 et 13 de la Convention *(the Agreement)* contenaient les stipulations suivantes. Aucun certificat ne sera émis s'il ne représente les actions et obligations tenues en dépôt *(in trust)* ; leur valeur sera égale. Toutes les obligations, actions et espèces seront réunies et les *trust certificates* émis seront la représentation de la part d'intérêt des diverses parties du trust. Les stocks des diverses *Standard Oil Companies* engagées dans le trust seront immobilisés. Le trust était fondé pour une durée de vingt-ans.

Administrés par ces neufs *trustees*, tous les établissements étaient solidaires. Peu importe que l'un d'eux fît des profits ou fût fermé, les bénéfices étaient répartis au prorata entre les porteurs des *trust certificates*.

Les neuf *trustees* étaient J.-B. Rockfeller, O.-H. Payne et William Rockfeller, nommés jusqu'au premier mercredi d'avril 1885 ; J.-A. Bostwick, H.-M. Flagler et W.-G. Warden, nommés jusqu'au premier mercredi d'avril 1884 ; Chas. Pratt, Benj. Brewster et John Archbold, nommés jusqu'au premier mercredi d'avril 1883. Ensuite chaque *trustee* devait être nommé pour une durée de trois ans par les propriétaires des *trust certificates* ou leurs mandataires. L'élection devait avoir lieu tous les ans le premier mercredi d'avril à New-York.

En 1882, la propriété des diverses Compagnies fut estimée à 75 millions de dollars, chiffre représenté par les *trust certificates*.

Le trust, d'après un adversaire de la *Standard Oil*, l'attorney general Monnett, était formé de la réunion de trente-neuf Compagnies, dont quatorze avaient remis toutes leurs actions et les autres un suffisant droit de contrôle aux *trustees*. D'après cet adversaire, il n'y eut pas de majoration de capital (t. I, p. 300).

D'après M. Monnett, sur les 972.500 *trust certificates*, les *trustees* en possédaient 466.280.

Dans le résumé (t. I, p. 196) et dans la déposition (p. 307), il est dit qu' « ils tenaient ainsi plus de la moitié des *trust certificates* ». Pour que cette assertion soit vraie, il faut qu'il y ait une faute d'impression, et il faut lire 486.280 *trust certificates* au lieu de 466.280.

Le *Sugar Trust* fut poursuivi. Le *Standard Oil Trust* fut déclaré illégal dans plusieurs États.

Après l'arrêt de la Cour de New-York de 1890, déclarant qu'aucune Société n'avait le pouvoir légal de transférer, par des porteurs d'actions ou autrement, ses pouvoirs et ses obligations à d'autres, tels que le comité des dépositaires *(trustees)*, et que, par conséquent, l'acte formant le *trust* était nul, tous les *trusts*, organisés sous cette forme, se transformèrent en *corporations*, équivalant à nos Sociétés anonymes, aux *joint stocks* des Anglais.

Le *Standard Oil Trust* fut dissous en 1892, et partagé en vingt Compagnies distinctes au capital de 102.233.700 dollars. Les *trust certificates* furent remis en proportion des actions de chaque Compagnie sous la forme suivante : « John Rockfeller a placé dans les mains dudit attorney pour $\dfrac{256.854}{972.500}$ du total des actions tenues par lesdits *trustees* le premier juillet 1892, dans chacune des Compagnies dont les actions étaient déposées. »

D'après M. Dodd, la valeur des trente-neuf Compagnies, réduites à vingt, formant le trust, s'était élevée, en 1892, à 121.631.312 dollars, moitié par suite de l'accumulation des bénéfices, moitié par le versement de nouveaux capitaux. Elles furent capitalisées à 102.233.700 dollars, soit à 19.397.612 dollars au-dessous de leur valeur.

En réalité, les actions sont restées dans les mains des *trustees*, liquidateurs du trust. M. Archbold ne fait aucune difficulté pour reconnaître que les anciens *trustées* ont la majorité des actions dans chacune des différentes Compagnies (t. I, p. 574).

Les anciens neuf *trustees*, en tant qu'individus agissant ensemble, dirigent chacune de ces Sociétés, de sorte que l'unité de direction des vingt Compagnies distinctes est la même que celle qui existait quand elles étaient fondues dans un seul *trust.*

« Le trust étant dissous, dit M. Archbold le 1er septembre 1899, les intéressés, après avoir reçu les actions qui leur revenaient dans chaque Compagnie, les ont apportées et les ont vendues à la *Standard Oil C°*, de New Jersey » (t. I, p. 576).

Cette Société est constituée au capital de 100 millions de *common stock* et de 10 millions de *preferred stock*. Les porteurs du *common stock* (actions ordinaires) n'ont aucun droit. Tous les pouvoirs sont réservés aux porteurs des actions privilégiées.

Par conséquent, ce sont les porteurs du *preferred stock* qui sont les maîtres de l'affaire. Un des commissaires dit à M. Archbold : « Ils sont au nombre de 40 à 50. » M. Archbold répond : « Sans doute la plus grande partie appartient à un aussi petit nombre que celui qui est indiqué » (t. I, p. 576). Mais, depuis cette disposition, il a dû y avoir une transformation ayant pour but de concentrer encore dans un plus petit nombre de mains la direction de l'entreprise.

D'après l'appendice VI du tome XIX des rapports de l'*Industrial Commission*, voici comment se présente en 1900 la *Standard Oil C°* :

Nombre des établissements.	20
Capital autorisé.	110.000.000 de dollars.
Actions privilégiées	300 dollars.
Actions ordinaires.	97.246.300 —
Revenu :	
Actions privilégiés.	6 0/0
Actions ordinaires.	45 0/0
Total du dividende.	43.471.242 de dollars.
Pour actions privilégiées.	8.132 —
Pour actions ordinaires	43.469.110 —

Le chiffre de 8.132 ne concorde pas avec l'indication de 300 dollars d'actions privilégiées à 6 0/0 ; mais, de toutes manières, le chiffre des actions privilégiées est insignifiant relativement au chiffre des actions ordinaires.

Une note ajoute : « Pendant l'année, le *common stock* a été augmenté de 38.550.700 dollars et le *preferred stock* a été diminué de 3.968.400 dollars. »

Cela signifie que M. Rockfeller, très probablement, se débarrasse de toutes les difficultés qui peuvent provenir de l'administration des actions privilégiées. La Société devient une propriété particulière. Les porteurs des actions privilégiées disparaissent. Il n'y a plus besoin de *trustees*. Il ne reste que des actions ordinaires dont les porteurs n'ont aucun droit; car les administrateurs de la Société peuvent leur supprimer tout dividende, sans qu'ils puissent réclamer. Si M. Rockfeller garde 300 dollars d'actions privilégiées d'un capital constitué à 110 millions, c'est afin de pouvoir conserver le titre de Société à la *Standard Oil*, rien de plus. Le possesseur d'une partie des 300 dollars du *preferred stock* se distribue à lui-même des dividendes de 43.471.242 dollars, à travers le *common stock* dont il doit avoir la majeure partie dans ses caisses.

La *Standard Oil* ne fait pas d'émissions. Elle a augmenté son capital par ses propres profits. Les dividendes s'élèvent de 5 1/4 0/0 en 1882, à 10 1/2 0/0 en 1885, à 12 0/0 en 1892, taux auquel ils se maintiennent jusqu'en 1895 où ils passent à 17 0/0; en 1896, ils s'élèvent à 31; en 1899 à 33; pour 1901, ils sont de 48 0/0 : en 1902, de 48 0/0 (*Final Report*, t. XIX, p. 667).

En mars 1902, on avait déjà distribué 20 0/0 ; en juin, on ajoutait 10 0/0, soit 30 0/0 en six mois.

M. Archbold disait, en septembre 1899, que si la *Standard Oil* était à vendre, elle vaudrait de 460 à 465 millions de dollars ; son capital, loin d'être majoré, est beaucoup au-dessous de ce chiffre.

La *Standard Oil* est une Société industrielle, organisée par par des industriels en vue de l'exploitation d'une industrie ; elle n'a pas été une entreprise financière établie par des banquiers dans le but d'écouler un « watered stock », des actions aquatiques, un capital dilué au public. Les directeurs n'ont jamais fait de spéculation sur la hausse ou la baisse de ses valeurs. M. Archbold déclare qu'il n'a pas acheté ou vendu cent actions en dix ans (t. I, p. 575).

Ce caractère distingue profondément la *Standard Oil* des trusts organisés par M. Pierpont Morgan.

La concentration de capitaux est opérée entre 40 ou 50 personnes ; mais, à côté, il y a 3.500 porteurs de titres de la *Standard Oil* qui participent plus ou moins largement à ses bénéfices. : « Pas un vingtième de ces personnes, dit M. Archbold, n'aurait été attiré dans cette affaire d'après l'ancien système » (t. I, p. 565).

Rien de plus juste que cette réflexion.

Les grandes Sociétés industrielles et financières peuvent mettre entre les mains de leurs directeurs des sommes considérables, mais elles répartissent des richesses entre de nombreuses personnes. Dans l'ancien système de l'industrie où les fils succédaient aux pères, la maison se perpétuait dans la même famille; maintenant elle est divisée en actions que possèdent de petits porteurs.

Les disciples de Karl Marx voudraient en vain affirmer que la *Standard Oil* justifie la théorie du *Manifeste communiste;* elle augmente non pas le nombre des prolétaires, mais le nombre des capitalistes.

VII

Résultats de la *Standard Oil.*

Les adversaires de la *Standard Oil* sont loin de nier son succès; mais ils prétendent qu'au lieu de contribuer à la prospérité de l'industrie du pétrole et des États-Unis, elle y a nui.

M. Emeri affirme (t. I, p. 624) qu'on distille encore le pétrole aujourd'hui comme en 1860. On se sert des mêmes alambics qui sont d'une contenance de 100 à 3.000 barils. On les chauffe. La vapeur se dégage et donne d'abord l'huile la plus légère, la cymogène, ensuite vient la gazoline, puis le naphte et enfin la benzine lourde.

Les usines à feu continu ont d'abord été établies en Russie.

Cependant M. Westgate considère qu'autrefois 20 0/0 du pétrole brut était perdu ; maintenant il est utilisé tout entier

M. Archbold et M. Emery ne sont pas d'accord sur la désignation des sous-produits. M. Emery ne reconnaît pas comme sous-produits l'huile lubrifiante qui ne prend jamais feu ; la cire paraffine qu'on n'emploie plus pour joindre les tuyaux, mais pour les appareils téléphoniques et pour la fabrication des bougies. Il donne seulement le nom de sous-produits aux résidus de 6 à 12 0/0 qui demeurent dans l'alambic : l'huile paraffine, l'huile rouge, l'huile jaune et le *Miners Oil* (Emery, t. I, p. 617). L'usage de ces sous-produits se répand de plus en plus. Ils entrent dans plus de deux cents produits pharmaceutiques. Le coaltar fournit les couleurs d'aniline.

La plupart des procédés qui ont permis l'utilisation des sous-produits du pétrole viennent d'Europe. Les adversaires de la *Standard Oil C°* disent qu'elle n'a rien inventé, rien perfectionné, qu'elle n'a fait qu'imiter ce que faisaient les concurrents qu'elle a étranglés. Je dois ajouter que je n'ai pas trouvé de preuves à l'appui de ces assertions. M. Emery fait lui-même cette réserve : « Je puis fabriquer à aussi bon marché et aussi bien que la *Standard Oil C°*, excepté peut-être les sous-produits qu'elle obtient dans ses beaux laboratoires » (t. I, p. 633). On avait avancé, cependant, qu'avec un capital de 500.000 dollars on pouvait établir une usine capable de rivaliser avec celles de la *Standard Oil*. M. Archbold répond qu'un des avantages des usines de la *Standard Oil* vient de leur large spécialisation.

Un des membres de la Commission a pu poser cette question à M. Archbold : « D'où provient le plus grand bénéfice ? Est-ce de l'huile ou de ses produits ? » M. Archbold a répondu : « Je ne sais pas. Nous basons nos prix sur l'ensemble ». Mais il reconnaît que pour repousser les huiles russes de l'Extrême-Orient, la *Standard Oil C°* avait pu vendre ses huiles raffinées au prix de l'huile brute, grâce aux sous-produits (t. I, p. 570).

M. Boyle, le directeur de l'*Oil City Derrick*, rappelle qu'en 1870, quand il commença à s'occuper du pétrole, il n'y avait d'autre sous-produit que la benzine. Elle était vendue comme dissolvant de la paraffine, elle allait dans les puits comme benzine, en ressortait dans les réservoirs des producteurs et était revendue aux raffineurs comme huile brute 400 ou 500 fois au-dessus de sa valeur (t. I, p. 441). M. Boyle affirme qu'au prix d'exportation, aucune raffinerie ne pourrait fonctionner; avec 10 cents de profit par baril, en y ajoutant les sous-produits, l'affaire est bonne; sans les sous-produits, elle est impossible.

M. Archbold, comme preuve de l'habileté industrielle de la *Standard Oil*, dit qu'elle n'a jamais joui d'aucune faveur au Canada; cependant elle acheta toutes les raffineries et actuellement elle en a deux plus puissantes que les neuf qui existaient précédemment.

VIII

Les prix de l'huile brute et de l'huile raffinée.

Il est entendu pour toutes les personnes qui n'ont pas étudié la question du pétrole, que le prix du pétrole brut a toujours baissé et doit toujours baisser. Même pour les personnes qui connaissent la question, comme les adversaires de la *Standard Oil* qui ont déposé devant l'*Industrial Commission*, il est entendu que si le prix du pétrole raffiné n'est pas au-dessous de ce qu'il est, c'est de la faute de la *Standard Oil*.

Le prix de raffinage de la gazoline et de l'huile lampante est de 1/2 cent par gallon, au lieu de 2 cents 1/2; et on vient de voir que l'utilisation des sous-produits peut payer le raffinage de l'huile.

Tout cela est vrai, mais il y a d'autres contingences. Il y a le rapport entre la demande et l'offre. Le fait positif, c'est que depuis 1878-1879, le prix du pétrole brut n'a pas baissé constamment, comme on le suppose. Il est beaucoup plus élevé actuellement qu'il n'était en 1893-1894, ainsi que le prouve *l'in-*

dex number publié par l'*Industrial Commission* (t. XIX. p. 1109 et 1110).

Il indique les variations suivantes par rapport à 100 :

Années	Pétrole brut. 0/0	Pétrole raffiné. 0/0
1878-1879.	185	125
1881-1882.	95	122
1889-1890.	115	93
1893 1894.	89	66
1894-1895.	131	80
1898-1899.	133	91
1899-1900.	177	116
1900-1901.	139	98

Les chiffres suivants ont été fournis par M. Archbold à l'*Industrial Commission*. Les premiers représentent la moyenne de la production par jour de la Pensylvanie, le prix de l'huile brute prise au puits et les seconds le prix d'exportation du pétrole raffiné qui est inférieur au prix du *home Market*, du marché intérieur (t. I, p. 547).

Le prix du pétrole brut est donné par baril et le prix du pétrole raffiné est donné par gallon. Il comporte, outre la valeur de l'huile, 2 cents 1/2 par gallon, le prix convenu du baril. Le prix de l'huile brute est exprimé en dollars et en cents, le prix de l'huile raffinée en cents et en dixièmes de cents.

Années.	Production moyenne par baril de 42 gallons.	Prix moyen par baril pris au puits. $ c.	Raffinée par gallon. Prix d'exportation. Cents.	Stock barils.
1870.	15.350	3 90	26 3/8	511.626
1880.	71.114	91 1/8	9 1/8	17.145.101
1890.	82.376	86 5/8	7 3/8	9.205.514
1894.	84.331	89 3/4	5 49	6.336.777
1898.	85.206	91 1/8	6 31	11.541.753

Ce prix de l'huile brute est inférieur au prix de revient qu'assignait M. Lee. Il est donc probable qu'il faisait erreur;

car les producteurs de pétrole ne se seraient pas résignés à être
constamment en perte (voir *suprà*, ch. iii).

Voici, pour les dernières années, les cours d'après les *Prices
of leading articles*, publiés par le *Monthly Summary and
Finance of the United States* (January 1903).

On remarquera que, dans la première semaine de janvier 1903, l'huile brute était plus chère qu'elle n'était le
années précédentes, sauf 1900.

Première semaine de janvier.	Pétrole brut à Pittsburg. Par barils de 42 gallons.	Pétrole raffiné à New York.	
		en barils.	en caisses par 100 gallons.
	Cents	$ c.	$ c.
1899	119	7 50	8 25
1900	166	9 90	11 00
1901	120	7 60	8 65
1902	115	7 20	8 30
1903	154	8 30	10 60

Le prix du pétrole raffiné destiné à l'exportation est, par
100 gallons :

	$ c.
1902	6 20
1903	7 40

Ces chiffres indiquent que, pour 1903, il y a une différence
de 12 0/0 entre les prix à l'exportation du pétrole raffiné et son
prix sur le marché intérieur.

Quelle est la différence entre le prix de vente de l'huile brute
et le prix de l'huile raffinée? A-t-elle diminué au fur et à
mesure des progrès de l'industrie?

On ne trouve pas, dans les documents de l'*Industrial Commission*, un tableau complet donnant les deux chiffres par
même quantité et établissant les variations de cette différence.
Elle paraît avoir été très stable de 1882, date de la fondation
du *Standard Oil Trust*, jusqu'en 1891. Elle subit une nouvelle
réduction en 1892. En 1892, le trust est dissous, mais recons-
titué d'une manière plus puissante. S'il abusait de sa force, la

différence devrait devenir plus grande. Il ne paraît pas en être ainsi. Les tableaux précédents indiquent que, proportionnellement, le prix du pétrole brut a plus monté que le prix du pétrole raffiné.

M. Westgate a fait observer que l'huile raffinée a moins baissé depuis 1880 qu'entre 1870 et 1880 (t. I, p. 372). Est-ce le résultat des efforts faits par la *Standard Oil C°* pour retenir ses plus hauts prix? C'est possible. Il est évident que la *Standard Oil* ne travaille pas par philanthropie, mais pour un gain. Mais, d'un autre côté, les réductions se font plus facilement sur des gros prix de revient et de vente que sur de petits chiffres. Quand une industrie est arrivée à un certain degré de perfection, la marge de ses progrès, qui pouvait se compter tout d'abord en dollars, ne se compte plus qu'en cents et en fractions de cent.

Enfin, le prix de la matière première n'est pas complètement indifférent dans l'industrie du pétrole, et, d'après l'*Index number* ci-dessus, le prix moyen du baril d'huile brute est de 34 0/0 plus élevé en 1900-1901 qu'en 1879-1880.

Le président de l'*Industrial Commission* fit observer à M. Archbold qu'en dépit du progrès des sous-produits, depuis 1894, le prix de l'huile raffinée n'a pas baissé (t. I, p. 571). M. Archbold ajourna sa réponse et a oublié de la faire.

Les adversaires de la *Standard Oil* lui reprochent ses dividendes de 48 0/0.

Ils la présentent comme exploitant d'un côté les producteurs d'huile brute, et d'un autre les consommateurs.

M. Archbold répond à ces allégations :

« Depuis 1870, la production par jour a augmenté de 450 0/0, les prix de l'huile brute ont baissé de 75 0/0 et les prix de l'huile raffinée de 75 1/2 0/0 » (t. I, p. 547).

L'*Index number* indique des hausses de l'huile brute plus élevées que les hausses du pétrole raffiné.

M. Lee considère que la *Standard Oil* ne fixe pas ses prix d'après le prix de revient de l'huile brute et d'après le coût du raffinage. Il ajoute « qu'elle désire que le public ne sache pas sur quelles bases elle règle ses prix; qu'elles sont entièrement arbitraires; qu'elle a eu des prix très bas quand le prix du pétrole brut était très haut et *vice versa* » (t. I, p. 277).

Les défenseurs de la *Standard Oil* répondent qu'elle les fixe d'après la loi de l'offre et de la demande; et même M. Davis, un raffineur indépendant, constate que le prix de l'huile brute à la Bourse d'*Oil City* est presque toujours inférieur à celui de la *Standard Oil* (t. I, p. 362).

M. P. C. Boyle, directeur de l'*Oil City Derrick*, dit avec raison que pour les articles d'exportation le prix est fixé par les marchés importateurs : celui du coton par Manchester, celui du blé par Liverpool (t. I, p. 440). Le prix d'exportation à New-York fixe le prix auquel tous les raffineurs de pétrole achètent le pétrole brut en Pensylvanie ou dans l'Ohio.

En 1873 et 1874, l'exploitation du gisement de Butler county avec des puits de 80 pieds de profondeur provoqua une baisse; son épuisement provoqua une hausse. En 1876, la découverte du gisement de Bradford provoqua une baisse en 1877 et 1878, comme l'exploitation de celui de Macdonad en 1891 et 1892. En 1895, ses puits s'épuisent; la demande augmente et les prix montent; en 1897, on exploite les gisements de la West Virginie. Nouvelle baisse. Ils provoquent une déception. Nouvelle hausse.

L'*Industrial Commission* a fait une enquête très sérieuse sur les prix de gros et de détail de l'huile lampante sur tous les points des États-Unis, le 15 février 1901. Elle a reçu mille cinq cent soixante-dix-huit réponses qui sont consignées dans son treizième volume. Elle conclut que les différences constatées viennent beaucoup plus des prix de détail que des prix de gros. La plupart des détaillants achètent directement leur huile des raffineurs dans les stations locales de wagons-réservoirs ou de wagons de distribution.

Le *Final Report* dit : « La production totale de l'huile brute de Pensylvanie et de Lima a été, de 1882 à 1900, de 779 millions 740.000 barils. La *Standard Oil* a fourni, d'après M. Archbold, pendant les cinq années de 1894 à 1898, 82,3 0/0 de l'huile raffinée. Si cette proportion était la même pour les dix-neuf années, elle donnerait 641.731.370 barils d'huile brute. Au taux de 80 cents par baril, elle aurait versé aux producteurs 513.385.000 dollars. » « De là, dit le *Final Report*, sont venus les énormes profits de la *Standard Oil*, ses réserves, l'augmentation de son capital, s'élevant à 600 ou 800 millions de dollars, et le pouvoir qu'elle a acquis sur les chemins de fer, les banques et les industries du pays. Ce profit et ce pouvoir financier ont été assurés par de larges dépenses pour maintenir son monopole contre toute concurrence, pour acheter et détruire des établissements et des *Pipe Lines* et payer des hommes expérimentés avec l'obligation de se retirer des affaires. De tels profits proviennent du consommateur du produit raffiné et du producteur d'huile brute » (t. XIX, p. 668).

Mais M. Archbold disait dans sa déposition : « La *Standard Oil* a donné un grand bénéfice aussi bien aux producteurs d'huile qu'au peuple américain. Je crois fermement que, sans la *Standard Oil*, l'Amérique n'aurait pas conquis les marchés du monde » (t. I, p. 579).

Ses adversaires soutiennent que le succès de la *Standard Oil* n'est dû qu'à son âpreté, qu'à ses manœuvres contre ses concurrents, qu'aux faveurs qu'elle avait obtenues des chemins de fer.

Actuellement rien ne permet d'infirmer cette déclaration de M. Archbold : « Notre succès vient de notre loyauté en affaires. Nous agissons avec la conviction qu'un succès permanent ne peut être basé que sur des principes honnêtes et vous ne trouverez pas un de nos clients qui puisse se plaindre de notre manière d'agir » (t. I, p. 580).

IX

L'Industrie du pétrole d'après le Census.

Le *Census* des États-Unis de 1900 (Manufacturers, t. IV, p. 683) donne des renseignements qui, en définitive, corroborent ceux qui se dégagent des dépositions contradictoires faites devant l'*Industrial Commission* (1).

La raffinerie du pétrole est concentrée dans cinq États : la Pensylvanie, qui comprend 39 usines ; l'Ohio, 9 ; New-York, 9 ; New-Jersey, 6 et la Californie 4.

En 1880, il y avait 86 établissements ; en 1889, 94 ; en 1899, 67, soit une diminution de 28 0/0 pendant cette dernière période. La valeur des capitaux engagés dans ces établissements industriels, y compris le capital circulant (Working capital), mais en ne tenant aucun compte du total du capital émis, était de 27.325.000 dollars en 1880 ; de 77 millions 416.000 dollars en 1889 ; de 95.327.000 dollars en 1899, soit une augmentation de 183 0/0 de 1880 à 1889 et de 23 0/0 de 1880 à 1899. Cette augmentation ne porte que sur l'outillage dont on ne connaît pas le chiffre en 1880, mais qui de 1889 à 1899 s'est élevé de 20.837.000 dollars à 39.565.000, soit de près de 90 0/0. Les ouvriers sont relativement très peu nombreux : 9.800 en 1880 ; 11.400 en 1889 ; 12.200 en 1899 ; soit deux augmentations successives de 16,5 0/0 et de 7 0/0. Les salaires présentent les chiffres suivants : 4.381.000 dollars, 5.872.000 dollars et 6.717.000 dollars ; soit deux augmentations de 34 0/0 et de 14,4 0/0.

---

(1) Nous rappelons que le *Census* compte en *Winchester gallons* de 274 1/4 cubic inches (pouces cubes) tandis que l'*Imperial gallon* comprend 277 pouces cubes, soit 1 0/0 de différence.

Quand le nombre des ouvriers s'élevait de 100 on peut dire
que le salaire s'élevait de plus de 200. Réparti sur les produits
bruts et les produits fabriqués, il ne représente qu'une très
petite partie du prix de revient.

La *Standard Oil* a-t-elle écrasé les prix du pétrole brut et
maintenu les prix du pétrole raffiné ? Voici la réponse :

	Prix des matières premières en dollars.	Valeur 0/0.
1880. . .	34.999.101	»
1889. . .	67.918.723	94,1
1899. . .	102.859.341	51,4

Sur lesquelles l'huile brute compte pour :

	Quantité par barils de 42 gallons.	0/0.	Valeur en dollars.	0/0.
1880. . .	17.117.455	»	16.340.581	»
1889. . .	30.662.621	76	44.879.783	174,7
1899. . .	52.011.005	69,6	80.424.207	79,2

	Valeur du produit en dollars.	0/0.
1880. . .	43.705.248	»
1889. . .	85.001.198	94,5
1899. . .	123.929.384	45,8

La valeur courante de l'huile brute a augmenté de 174,7 0/0
et de 79,2 0/0, tandis que celle des produits a augmenté seulement de 94,5 et de 45,8 0/0.

En 1899, la production totale de l'huile brute a été de
57.070.850 barils de 42 gallons, sur lesquels 2.801.999 ont été
exportés. Le total de l'huile brute employée par les raffineries
a été de 52.011.005 barils, laissant 2.257.846 barils à ajouter
au stock d'huile brute ou perdus par accident.

La quantité totale des produits raffinés a été de 42 millions 234.664 barils de 50 gallons équivalant à 50.279.361 barils de 42 galons. Si on déduit ce dernier chiffre de 52.011.005 barils d'huile brute employés, on ne trouve qu'une différence de 1.731.644 barils qui n'ont même pas disparu complètement, mais sont compris sous le terme général d' « autres produits », ayant une valeur, en 1899, de 3.861.000 dollars.

Le rapport classe la production de la manière suivante :

25.171.289 barils d'huile lampante ;

6.095.224 barils d'huile combustible *(fuel oils)*;

5.615.551 de naphte d'une densité de 0,675 à 0,720 et de gazoline d'une densité de 0,636 à 0,675.

Dans le tableau montrant la quantité et la valeur des produits en 1880, 1889 et 1899, les deux premiers produits sont compris sous le nom de *burning oils* et présentent les quantités et les valeurs suivantes :

	Nombre de barils de 50 gallons.	Valeur totale en dollars.	Valeur par baril en dollars et en cents.
1880. . .	11.002.200	36.839.600	3,35
1889. . .	16.967.400	47.842.500	2,82
1899. . .	31.266.500	82.244.900	2,63

	Quantité 0/0.	Valeur 0/0.
1880	»	»
1889	54,2	29,9
1899	81,3	71,9

Il faut ajouter que le prix du baril représentant 2 1/2 cents par gallon est compris dans le prix du produit depuis 1889 et qu'il ne l'était pas auparavant. Pour comparer la valeur du produit il faudrait donc le déduire. On voit que la quantité représente une augmentation de 17 0/0 plus élevée que celle du prix.

Voici la situation du naphte et de la gazoline :

	Nombre de barils de 50 gallons.	Valeur totale en dollars.	Valeur par baril en dollars et en cents.
1880. . .	1.502.200	2.961.600	1,07
1889. . .	3.290.500	7.115.400	2,16
1899. . .	5.615.600	15.991.700	2,85

	Quantités. 0/0	Valeur. 0/0
1880	»	»
1889	119,0	140,3
1899	70,7	124,7

La production de la paraffine *(paraffin wax)* a suivi les développements suivants. En 1880, elle représentait 7.889.600 livres valant 631.900 dollars. En 1889, elle représentait 241.900 barils valant 2.904.900 dollars. Elle valait 12,01 par baril. En 1899, elle représentait 774.900 barils valant 7.791.100 dollars; au prix de $ 10,05 par baril. Relativement à la valeur, la progression est de 359 0/0 en 1889 relativement à 1880, et elle est de 168 0/0 en 1899 relativement à 1889. La quantité entre ces deux dernières années a progressé de 220 0/0.

Il ressort de tous ces faits que l'industrie du pétrole est parvenue à utiliser presque complètement l'huile brute, a su la transporter de la manière la plus économique aux raffineries et que, grâce à la meilleure utilisation de la matière première, dans les moments de hausse de l'huile brute qui se sont produits dans ces dernières années, les prix du pétrole raffiné ont été relativement moins élevés. C'est une preuve que la *Standard Oil* a la prudence de ne pas abuser de sa situation, car ses directeurs savent qu'en agissant autrement, ils provoqueraient de nouveaux concurrents.

X

L'exportation du pétrole des États-Unis.

Les Américains tiennent à raffiner leur pétrole, et ils ont bien raison. Ils supposent qu'il est inutile de transporter au loin du pétrole brut pour le faire raffiner avec de la houille quand le pétrole donne, du moins en partie, le combustible nécessaire à son raffinage. Ils trouvent que le prix n'arrêtera pas des industriels qui, favorisés par une législation fiscale, ont l'idée d'importer en Europe du pétrole brut, et ils frappent d'une amende les pays assez naïfs pour se payer le luxe de raffineries de pétrole. Tandis qu'ils vendent moins cher que sur le marché intérieur l'huile raffinée destinée à l'exportation, ils font exactement le contraire pour l'huile brute.

Voici, d'après le *Monthly Summary*, les prix d'exportation pour l'huile brute et pour l'huile raffinée à New-York :

	Par gallon.	
	Janvier 1902.	Janvier 1903.
Huile brute destinée à l'exportation.	0 045	0 054
Huile raffinée destinée à l'exportation.	0 062	0 074

Le baril de 42 litres d'huile brute qui valait, au commencement de janvier 1902, à Pittsburg. $ 1,15, en valait $ 1,89 à New-York pour l'exportation; en 1903, les prix ont varié, mais la différence est à peu près la même : $ 1,54 à Pittsburg, $ 2,26 à New-York.

Tandis que les Américains *baissent le prix du pétrole raffiné pour l'exportation, ils augmentent le prix du pétrole brut.* Ils cherchent à développer la consommation extérieure du premier et ils ne tiennent pas à développer la consommation extérieure du second. Du reste, il n'y a que les Français qui trouvent heureuse cette combinaison de faire venir de l'huile brute chère pour la raffiner. Voici les chiffres d'exportation des États-Unis et la part de la France pendant les trois dernières années :

	Exportation totale en gallons.	En France.
1900	138.161.000	100.567.000
1901	127.008.000	94.661.900
1902	115.233.600	92.730.500

L'exportation des États-Unis, insignifiante pour l'huile brute, représente 40 0/0 de sa production en produits raffinés :

	Naphte et Gazoline.		Huile lampante.	
	Quantités par barils de 50 gallons.	Valeur en dollars.	Quantités par barils de 50 gallons.	Valeur en dollars.
1880 . . .	302.300	1.344.500	5.722.000	29.047.000
1890 . . .	249.200	1.050.600	11.017.000	39.826.000
1893 . . .	346.000	1.074.700	14.617.000	30.676.000
1899 . . .	358.000	1.558.000	14.491.000	48.466.000
1901 . . .	371.400	1.741.500	16.519.600	53.490.700
1902 . . .	393.600	1.392.700	15.575.900	49.079.000

	Huile lubrifiante et paraffine lourde.	
	Quantités par barils de 50 gallons.	Valeur en dollars.
1880	112.100	1.141.000
1890	641.800	4.766.000
1893	648.600	4.738.000
1899	1.386.000	8.344.000
1901	1.506.000	10.260.000
1902	1.645.000	10.872.000

De 1901 à 1902, l'exportation totale des huiles raffinées a baissé de 1 0/0. Sur une exportation totale de 924.470.000 gallons valant 65.492.400 dollars en 1901, et sur une exportation totale de 880.679.000 gallons valant 61.343.000 dollars en 1902, les trois grands consommateurs sont :

		Gallons.	Valeur en dollars.
	L'Angleterre. . . .	216.682.500	13.743.000
1901	L'Allemagne. . . .	150.018.700	8.551.400
	La Hollande	136.961.000	7.695.500
	L'Angleterre. . . .	218.402.200	13.013.700
1902	L'Allemagne. . . .	132.724.000	7.755.900
	La Hollande	124.700.000	6.850.000

soit 53 0/0 de l'exportation totale.

L'Angleterre absorbe 4.900.000 barils d'huile lampante valant 14.889.000 dollars ; l'Allemagne un peu plus de 3 millions
de dollars ; la France 303.000, valant 2.833.000 dollars ; le
reste de l'Europe un peu plus de 5 millions de barils, valant
15.083.000 dollars.

Le *Tableau général du commerce de la France* pour 1901
donne les chiffres suivants :

	Huiles de pétrole brutes.	Valeur en francs par quintal.	Valeur totale.
Quintaux. . .	1.627.831	10 65	7.336.440
		hectolitre.	
Hectolitres . .	2.464.191	8 89 et 8 52	21.328.980

100 kilogr. d'huile brute égalent de 120 à 140 litres.

	Huile de pétrole raffinée.	Valeur en francs par quintal.	Valeur totale
Quintaux. . .	30	16 40	600
		hectolitre.	
Hectolitres . .	346.290	16 00	5.540.890

Cette importation minime du pétrole raffiné et considérable
du pétrole brut s'explique par la manière dont la loi de 1893,
tout en atténuant la législation antérieure, a maintenu les
droits de douane sur l'huile brute et l'huile raffinée.

XI

La *Standard Oil* et la France.

Le tome XVIII de l'*Industrial Commission*, consacré aux trusts existant en Europe, montre la *Standard Oil* étendant son influence en France (p. 77). Le Syndicat fut formé d'abord entre les trois principaux raffineurs de Paris, MM. Fenaille et Despaux, Desmarais frères et Deutsch et ses fils ; puis il s'adjoignit d'autres raffineurs du nord et du sud de la France, dix en tout. Le prix fut fixé chaque semaine, et chaque raffinerie n'a qu'un pouvoir déterminé de production.

« Le Syndicat, dit le rapport, fit alors un contrat avec la *Standard Oil*, s'engageant à n'acheter qu'à elle de l'huile brute d'Amérique, à la condition qu'elle n'en vendrait à aucune autre maison. On a même dit, ajoute le rapport, que la *Standard Oil* possède, en réalité, le syndicat français : mais les représentants de la *Standard Oil* aux États-Unis ont répondu qu'à côté de l'arrangement conclu ci-dessus, leur seul profit est un paiement régulier pour deux raffineries qu'ils avaient construites en France avant cette combinaison. »

Un arrangement fut fait avec la maison André et Cie, qui ne livre de pétrole russe qu'au Syndicat, dans une proportion déterminée avec la *Standard Oil*.

Le rapport continue :

« Le trust fixe ses propres prix et élimine tous les autres importateurs. En réalité, la grande prospérité du trust du pétrole a provoqué nombre de capitalistes à entrer en concurrence avec lui ; mais l'impossibilité de se procurer du pétrole soit des États-Unis, soit de la Russie, rend la concurrence impossible, et le trust prospère encore, en dépit de plusieurs attaques faites contre lui par des membres du Parlement (t. XVIII, p. 78).

La *Standard Oil* étend donc son influence sur la France.

Grâce à un artifice du législateur, qui a fait de la raffine-
nerie du pétrole une industrie factice, de 1873 à 1881, les
pétroles bruts ont payé à la douane 24,75 et les raffinés 37;
de 1881 à 1893, les pétroles bruts ont payé 18 francs et les raffinés 25 francs. La loi de 1893 a réduit la prime aux raffineurs
de pétrole en diminuant l'écart par un droit de 9 francs sur
les bruts et de 12 fr. 50 c. sur les raffinés. Enfin, l'article 31
de la loi de finances du 31 mars 1903 a encore rétréci cette
prime en frappant les pétroles bruts de 1 fr. 25 par 100 kilo-
grammes ou 1 franc par hectolitre.

Le syndicat du pétrole, en France, est le résultat de la déplo-
rable politique de protection et de primes qui, transportant
dans un régime de suffrage universel les pratiques des censitaires
de la Restauration et du Gouvernement de Juillet, a consisté à
faire payer des impôts privés par l'ensemble des consommateurs aux représentants de petites oligarchies agricoles ou industrielles.

<h2 style="text-align:center">XII</h2>

<h2 style="text-align:center">Conclusions.</h2>

J'arrête là cette étude qui avait pour but de montrer le caractère réel de la *Standard Oil* aux États-Unis.

Je rappelle les principaux faits constatés :

La *Standard Oil* n'est producteur d'huile brute que dans
une mesure relativement faible. C'est en s'assurant des tarifs
de faveur et, par ses accords avec les chemins de fer, le monopole des « pipe lines » qu'elle a su tout d'abord conquérir sa
formidable situation.

Depuis, l'*Interstate Commission Act* de 1888, elle paraît ne
profiter que de l'avance qu'elle avait acquise.

La *Standard Oil* n'est pas une Société financière spéculant
sur ses titres. Elle est capitalisée au-dessous de sa valeur. Les

porteurs d'actions privilégiés ayant le droit d'administrer la *Standard Oil* ne sont qu'au nombre de 50 ou 60, et, d'après un tableau du *Census*, le capital des actions privilégiées, d'abord de 10 millions de dollars, serait réduit à 300 dollars!

Si elle réalise des bénéfices énormes, elle n'est pas cependant maîtresse absolue des cours; elle est obligée de tenir compte de la loi de l'offre et de la demande et de la concurrence de rivaux, si faibles qu'ils soient relativement à elle.

Un monopole d'État est au-dessus de ces considérations économiques. Si la *Standard Oil* représente la concentration d'énormes capitaux dans un petit nombre de mains, elle représente aussi la répartition de bénéfices énormes entre 3.500 porteurs de ses actions ordinaires qui, dans l'ancien système familial de l'industrie, ne seraient jamais venus grossir le nombre des capitalistes.

TABLE DES MATIÈRES

IMPRIMERIE CHAIX, RUE BERGÈRE, 20, PARIS. — 7760-4-03. — (Encre Lorilleux).

OUVRAGES DU MÊME AUTEUR

La Science économique. Un volume de 600 pages avec 67 graphiques (2ᵉ édition). — Relié **5 75**

L'Économie de l'Effort. Un volume de 432 pages in-18. Prix .... **4** »

Trois ans au Ministère des Travaux publics. Un volume in-18 de 266 pages. — Prix **3 50**

La Morale de la concurrence (QUESTIONS DE MON TEMPS). Une brochure in-18 .... **1** »

La Question des Sucres en 1901. Un volume in-18 de 160 pages. .... **3** »

BROCHURES

L'Organisation commerciale du travail. Une brochure in-18 .... **0 25**

Cinq cents millions à l'eau. — LES VOIES NAVIGABLES ET LE PROGRAMME BAUDIN. Une brochure in-8 (1902). — Prix .... **1** »

Le repêchage des cinq cents millions à l'eau. — LE PROGRAMME BAUDIN AU SÉNAT. Une brochure in-8 (1903). — Prix .... **1** »

Dictionnaire du Commerce, de l'Industrie et de la Banque, publié sous la direction de MM. YVES GUYOT et A. RAFFALOVICH. 2 volumes grand in-18 de 2.988 pages. Broché : 50 francs. — Relié. .... **58** »

IMPRIMERIE CHAIX, RUE BERGÈRE, 20, PARIS. — 7701-1-03. — (Encre Lorilleux)